Esto es lo que quiero ser

Bibliotecario

Heather Miller

Traducción de Carlos Prieto

Heinemann Library
Chicago, Illinois

©2003 Reed Educational & Professional Publishing
Published by Heinemann Library,
an imprint of Reed Educational & Professional Publishing
Chicago, IL

Customer Service 888-454-2279
Visit our website at www.heinemannlibrary.com

All rights reserved. No part of this publication may be reproduced or transmitted in any form or by any means, electronic or mechanical, including photocopying, recording, taping, or any information storage and retrieval system, without permission in writing from the publisher.

Designed by Sue Emerson, Heinemann Library
Printed and bound in the United States by Lake Book Manufacturing, Inc.

07 06 05 04 03
10 9 8 7 6 5 4 3 2 1

Library of Congress Cataloging-in-Publication Data
Miller, Heather.
 [Librarian. Spanish]
  Bibliotecario / Heather Miller
     v. cm. — (Esto es lo que quiero ser)
Includes index.
Contents: A simple introduction to the work of librarians, including the different types, equipment used, training, daily life, and other aspects of their jobs.
  ISBN 1-40340-379-1 (HC), 1-40340-601-4 (Pbk)
 1. Librarians—Juvenile literature. 2. Library science — Vocational guidance—Juvenile literature. 3. Librarians--Juvenile literature. [1. Librarians. 2.Llibraries. 3.Occupations. 4. Spanish language materials] I. Title. II.Series
   Z682 .M5518 2002
   020'.92—dc21
                                                                        2002068680

Acknowledgments
The author and publishers are grateful to the following for permission to reproduce copyright material:
p. 4 Michael Newman/PhotoEdit; p. 5 Flash! Light/Stock Boston; p. 6 Richard Hutchings/Corbis; p. 6 Terry Allen/International Stock; p. 7 Jon Riley/Stone/Getty Images; p. 8 Cassy Cohen/PhotoEdit; p. 9 3M; p. 10 Rafael Macia/Photo Researchers, Inc.; pp. 11, 18L Mug Shots/Corbis Stock Market; p. 12 Guy Cali/Stock Connection/PictureQuest; pp. 13, 21 Brian Warling/Heinemann Library; p. 14 Jeff Isaac Greenberg/Photo Researchers, Inc.; p. 15 PhotoLink/PhotoDisc; p. 16 Michael Paras/International Stock; p. 17 Bob Daemmrich/Stock Boston; p. 18R Heinemann Library; p. 19 George Ancona/Photo Researchers, Inc.; p. 20 Jose Luis Pelaez Inc./Corbis Stock Market; p. 23 (row 1, L–R) Jeff Isaac Greenberg/Photo Researchers, Inc., Heinemann Library; p. 23 (row 2, L–R) PhotoLink/PhotoDisc, Cassy Cohen/PhotoEdit; p. 23 (row 3) Jon Riley/Stone/Getty Images

Cover photograph by EyeWire Collection
Photo research by Scott Braut

Every effort has been made to contact copyright holders of any material reproduced in this book. Any omissions will be rectified in subsequent printings if notice is given to the publisher.

Special thanks to our bilingual advisory panel for their help in the preparation of this book:

Anita R. Constantino
Literacy Specialist
Irving Independent School District
Irving, Texas

Argentina Palacios
Docent
Bronx Zoo
New York, NY

Ursula Sexton
Researcher, WestEd
San Ramon, CA

Aurora García Colón
Literacy Specialist
Northside Independent School District
San Antonio, TX

Leah Radinsky
Bilingual Teacher
Inter-American Magnet School
Chicago, IL

Special thanks to the faculty and students of Stockton School, Chicago, IL, for their help in the preparation of this book.

Unas palabras están en negrita, **así**.
Las encontrarás en el glosario en fotos de la página 23.

Contenido

¿Qué hacen los bibliotecarios? 4

¿Cómo es el día de un bibliotecario? 6

¿Qué herramientas usan los bibliotecarios? 8

¿Dónde trabajan los bibliotecarios? 10

¿Qué hacen en las escuelas? 12

¿Trabajan en otras partes? 14

¿Cuándo trabajan los bibliotecarios? 16

¿Qué clases de bibliotecarios hay? 18

¿Cómo aprenden los bibliotecarios? 20

Prueba 22

Glosario en fotos *23*

Nota a padres y maestros. *24*

Respuestas de la prueba. *24*

Índice *24*

¿Qué hacen los bibliotecarios?

Los bibliotecarios nos ayudan a encontrar respuestas.

Nos ayudan a encontrar libros en la biblioteca.

Los bibliotecarios nos enseñan a usar **computadoras.**

¿Cómo es el día de un bibliotecario?

Los bibliotecarios marcan los libros nuevos con números y letras.

Esos números y letras sirven para buscar los libros que queremos.

Los bibliotecarios leen sobre libros nuevos.

Escogen libros para la biblioteca.

¿Qué herramientas usan los bibliotecarios?

Los bibliotecarios usan **varillas lectoras**.

Así la **computadora** sabe cuándo se presta un libro.

Esta máquina hace un ruido fuerte.

Suena cuando pasa por la puerta un libro que no se ha prestado.

¿Dónde trabajan los bibliotecarios?

Unos bibliotecarios trabajan en bibliotecas públicas.

Mucha gente va a la biblioteca a sacar libros.

Otros bibliotecarios trabajan en bibliotecas escolares.

Las bibliotecas escolares prestan libros a estudiantes y maestros.

¿Qué hacen en las escuelas?

Los bibliotecarios de las escuelas enseñan a los niños.

Les enseñan cómo encontrar cosas en los libros.

Los bibliotecarios de las escuelas trabajan con los maestros.

Consiguen los libros que los maestros necesitan.

¿Trabajan en otras partes?

biblioteca móvil

Los bibliotecarios a veces trabajan en **bibliotecas móviles.**

Llevan libros a donde no hay bibliotecas.

Unos bibliotecarios trabajan con **gente de negocios**.

Los ayudan a conseguir la información que necesitan.

¿Cuándo trabajan los bibliotecarios?

Los bibliotecarios por lo general trabajan de día.

Pero unas bibliotecas abren de noche.

Los bibliotecarios de las escuelas trabajan los días de clases.

Preparan todo en la biblioteca antes de que empiecen las clases.

¿Qué clases de bibliotecarios hay?

Los bibliotecarios de consulta ayudan a buscar información.

Nos ayudan a usar **libros de consulta**.

Los bibliotecarios infantiles trabajan con lectores jóvenes.

Leen cuentos y cantan canciones.

¿Dónde aprenden los bibliotecarios?

Los bibliotecarios estudian en la universidad.

Aprenden a recomendar libros.

Los bibliotecarios adoran los libros.

Prueba

¿Recuerdas cómo se llaman estas cosas?

Busca las respuestas en la página 24.

 ?

 ?

Glosario en fotos

biblioteca móvil
página 14

libros de consulta
página 18

gente de negocios
página 15

varilla lectora
página 8

computadora
páginas 5, 8

Nota a padres y maestros

Leer para buscar información es un aspecto importante del desarrollo de la lectoescritura. El aprendizaje empieza con una pregunta. Si usted alienta a los niños a hacerse preguntas sobre el mundo que los rodea, los ayudará a verse como investigadores. Cada capítulo de este libro empieza con una pregunta. Lean la pregunta juntos, miren las fotos y traten de contestar la pregunta. Después, lean y comprueben si sus predicciones son correctas. Piensen en otras preguntas sobre el tema y comenten dónde pueden buscar la respuesta. Ayude a los niños a usar el glosario en fotos y el índice para practicar nuevas destrezas de vocabulario y de investigación.

Índice

biblioteca 4, 7, 10, 11, 14, 16, 17
biblioteca móvil. 14
bibliotecarios de consulta. . 18
bibliotecarios infantiles. . . 19
computadoras. 5, 8
cuentos 19
escuela 11, 12–13, 17
información. 15, 18
libros de consulta 18
universidad. 20
varilla lectora. 8

Respuestas de la página 22

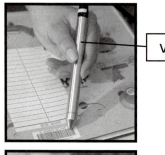

varilla lectora

computadora